Formando Intercesores

Apóstol Dr. Mario H. Rivera

© 2020 LAC Publication (Spanish Edition)

Primera Edición 2020
© 2020 Mario H. Rivera
Todos los derechos reservados.

ISBN: 978-1-7352744-0-9

Diseño de la portado: Juan Luque

Impreso en USA (Printed in USA)
Categoría: Guerra Espiritual

MISIÓN

Nuestra escuela es diferente a muchas otras,

nuestra meta es llevar a la práctica lo aprendido

y no solamente adquirir

un conocimiento bíblico académico,

deseamos aprender para llevarlo a la práctica.

CONTENIDO

- Autoevaluación

4 La oración y la solvencia del intercesor

- La escuela de la oración de Jesús
- Las solvencias de la oración
- La oración y el ayuno
- La disciplina del ayuno con la oración
- Las disciplinas del intercesor
- Las disciplinas de la oración
- Lo que refleja la oración del cristiano
- Autoevaluación

5 La Oración en Grupo

- La oración de 2 o 3
- La oración en grupo o "red"
- El poder de la sinergia
- La sinergia de los intercesores
- La oración de una nación o "red" global
- La oración congregacional o en las casas
- Las posiciones en la oración e intercesión

OBJETIVO

Poder capacitar adecuadamente y guiados por el Espíritu Santo, para que todo creyente sepa cómo llegar delante del trono de Dios, a la luz de la Biblia, con las herramientas que el Señor Jesucristo dejó y que hoy son reveladas para que no haya engaño de las tinieblas, sino eficiencia en la comunicación divina con Dios por los niveles que El nos ha enseñado empezando por la oración, el clamor, el gemido, la intercesión, hasta llegar al nivel de las apelaciones.

La Introducción a La Oración

CAPÍTULO 1

Enseñanza de La oración

Lucas 11:1 Y aconteció que estando Jesús orando en cierto lugar, cuando terminó, le dijo uno de sus discípulos: Señor, enséñanos a orar, así como Juan enseñó también a sus discípulos.

Mateo 6:9 Vosotros, pues, orad de esta manera: "Padre nuestro que estás en los cielos, santificado sea tu nombre. 10 "Venga tu reino. Hágase tu voluntad, así en la tierra como en el cielo. 11 "Danos hoy el pan nuestro de cada día. 12 "Y perdónanos nuestras deudas, como también nosotros hemos perdonado a nuestros deudores. 13 "Y no nos metas en tentación, mas líbranos del mal. Porque tuyo es el reino y el poder y la gloria para siempre jamás. Amén."

PERSPECTIVA BIBLICA:

Las 2 perspectivas lingual de la oración.

Lingual: lingüístico, lingual (adj.) consistente o relacionado con el idioma.

Hebreo

Las palabras hebreas del A.T. tienen diferentes matices cuando se interpretan.
Son interpretadas por sabios, rabinos, y eruditos del hebreo.

Griego

Las palabras en el Nuevo testamento tienen diferentes aplicaciones cuando son interpretadas.
Interpretadas por los estudiosos cristianos, teólogos, y historiadores del N.T.

Shajarit (en hebreo: שַחֲרִת) (en hebreo: שַחַר shajar) "amanecer".

Minjá (en hebreo: הַמִנְחָה) es la oración que tiene lugar por la tarde.

Arvit (en hebreo: עַרְבִית) o Maariv (en hebreo: מַעֲרִיב) "anochecer".

Musaf (מוּסָף, "adicional") son las oraciones congregacionales en las principales festividades judías.

Neilá (en hebreo: נְעִילָה), son oraciones hechas solamente al final de Yom Kipur, el Día del Perdón.

Y una mas, la TEPHILAH, la mas común o popular.

La palabra que trata con orar aparece 514 veces en la versión KJ 1611

Entre las palabras: Oración, orar, orando, oraban, etc.

De manera que es una enseñanza muy significativa.

La Historia de La Oración

CON RELACION A DIOS:

Génesis 2 registra la conexión del hombre con Dios.
Génesis 3 registra la desconexión del hombre con Dios.
Génesis 4 registra la reconexión del hombre con Dios.

LA CONEXIÓN Y DESCONEXIÓN
DEL HOMBRE CON DIOS:

Génesis 3:8 Y oyeron la voz de Jehová Dios que se paseaba en el huerto al aire del día: y escondióse el hombre y su mujer de la presencia de Jehová Dios entre los árboles del huerto.

La reconexión del hombre con Dios.

Dios le enseñó a Adán a ofrecer sacrificios.
Dios hizo que ellos sacrificaran un carnero y de su piel los vistió, les cubrió su vergüenza o pecado.

Génesis 3:21 Y el SEÑOR Dios hizo vestiduras de piel para Adán y su mujer, y los vistió.

A partir de ese momento entró en la historia la razón de los altares.
Y la primera oración de confesión.

La confesión es uno de los aspectos mas importante de la oración.

Es el método que Dios a escogido para remover todo pecado, intento, o proyecto de nuestra mente, corazón, y espíritu.

1 Juan 1:9 Si confesamos nuestros pecados, El es fiel y justo para perdonarnos los pecados y para limpiarnos de toda maldad.

Romanos 10:9 que si confiesas con tu boca a Jesús por Señor, y crees en tu corazón que Dios le resucitó de entre los muertos, serás salvo; 10 porque con el corazón se cree para justicia, y con la boca se confiesa para salvación.

La Primera Oración Personal fue La Confesión

Confesar: #3670 Homologeo: Hablar lo mismo que habla Dios se llama en griego HOMOLOGEO.

3670 homologeo {hom-ol-og-eh'-o} Meaning: 1) to say the same thing as another, i.e. to agree with

1) Homo: Lo mismo
2) Logeo: palabras

Las mismas palabras.

Noé construyó el primer altar después del diluvio.
Abram construyó un altar en la encina de Moreh (Gen. 12:7 al 8)
Jacob construyó un altar en Siquen (Gen. 33:20)
Isaac construyó un altar en Beerseba (Gen. 26:23 al 25)

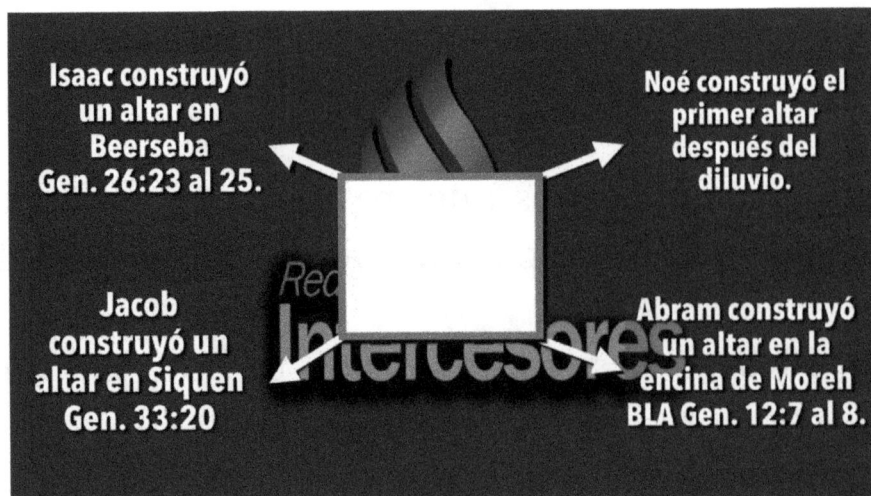

La Historia de La Oración

Las primeras generaciones:

ADAN	930 AÑOS
SET	912 AÑOS
ENOS	905 AÑOS
CAINAN	910 AÑOS

Adán fue quien dio a sus descendientes información de la forma original en la que Dios se comunicaba con él en el huerto.

En las primeras 10 generaciones todos hablaban el mismo lenguaje.

La Reconexión del Hombre con Dios

Génesis 4:26 A Set le nació también un hijo y le puso por nombre Enós. Por ese tiempo comenzaron los hombres a invocar el nombre del SEÑOR (YHVH).

Invocar H7121: cará raíz primaria clamar, pedir, invocar.

1 Reyes 18:24 Invocad luego vosotros en el nombre de vuestros dioses, y yo invocaré en el nombre de Jehová (YHVH): y el Dios que respondiere por fuego, ése sea Dios. Y todo el pueblo respondió, diciendo: Bien dicho.

Invocar H7121: cará raíz primaria clamar, pedir, invocar.
El sacrificio de los animales fue para reconexión del alma del hombre

con Dios por medio de la sangre derramada. (Hasta que vino Cristo)

La oración fue y es para la reconexión del corazón del hombre con Dios.

Cuando el creyente mantiene su oración constante y reconoce en todo momento la existencia del Dios verdadero y depende de Él, está es la promesa de Dios a sus oraciones.

2 Crónicas 7:14 y se humilla mi pueblo sobre el cual es invocado mi nombre, y oran, buscan mi rostro y se vuelven de sus malos caminos, entonces yo oiré desde los cielos, perdonaré su pecado y sanaré su tierra. Ahora mis ojos estarán abiertos y mis oídos atentos a la oración que se haga en este lugar…

ESCUELA GLOBAL DE INTERCESORES
"LLAMADOS A CONQUISTAR"
MINISTERIOS EBENEZER, OREGON
AUTO-EVALUACION

TEMA: LA INTRODUCCION A LA ORACION

NOMBRE: _____

IGLESIA: _____

FECHA: _____

HOJA DE INSTRUCCIONES:

Explique detalladamente los conceptos del tema poniendo bases bíblicas cuando lo amerite, use hojas adicionales para ampliar su trabajo de investigación. Extraiga copiando la hoja de auto-evaluación de este estudio, desarrolle sus respuestas y presente esta auto-evaluación el próximo día de clases.

1) Explique porque es necesaria la enseñanza de la oración como algo significativo:

2) Explique la relación de la oración con Dios en cuanto a la conexión, desconexión y reconexión:

3) Mencione como opera la oración personal y la confesión:

4) Dentro de la historia de la oración como la utilizaban los antiguos en el desarrollo de sus vidas:

5) Dentro de la oración de reconexión con Dios se aplica la palabra INVOCAR, explicar:

NOTAS DEL ESTUDIO

<u>NOTAS DEL ESTUDIO</u>

Las Expresiones Tripartitas del Intercesor

CAPÍTULO 2

La oración afecta las 3 partes de nuestro ser.

Génesis 2:7 Entonces el SEÑOR Dios formó al hombre del polvo de la tierra, y sopló en su nariz el aliento de vida; y fue el hombre un ser viviente.

Polvo: Cuerpo
Aliento: Espíritu humano.
Ser viviente: Alma.

1 Tesalonicenses 5:23 Y que el mismo Dios de paz os santifique por completo; y que todo vuestro ser, espíritu, alma y cuerpo, sea preservado irreprensible para la venida de nuestro Señor Jesucristo.

Cuerpo: Posiciones
Alma: emociones, voluntad, consciencia, subconsciente e inconsciente.
Espíritu: La parte celestial qué puede estar en la presencia de Dios.

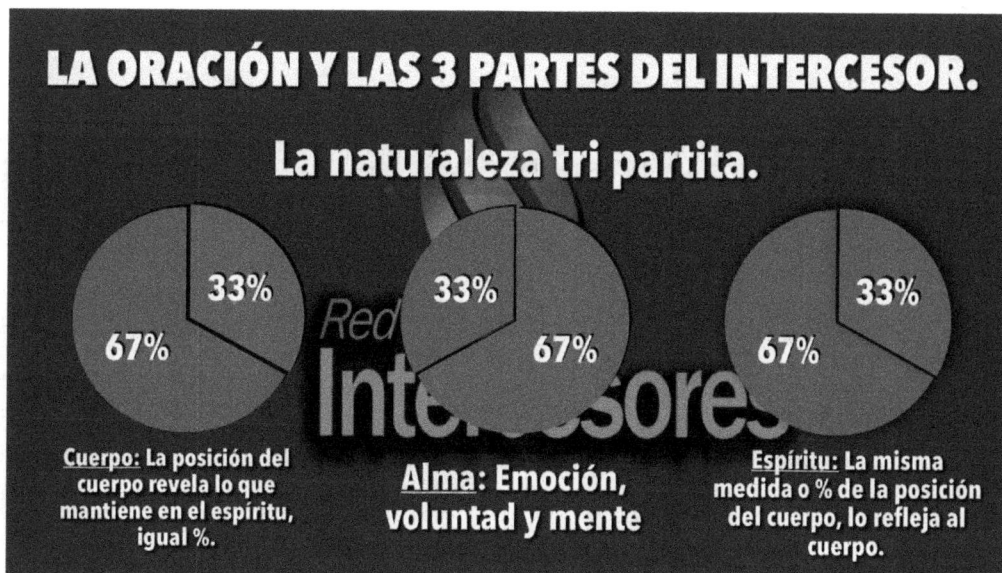

LA ORACIÓN Y LAS 3 PARTES DEL INTERCESOR.
La naturaleza tri partita.

Cuerpo: La posición del cuerpo revela lo que mantiene en el espíritu, igual %.

Alma: Emoción, voluntad y mente

Espíritu: La misma medida o % de la posición del cuerpo, lo refleja al cuerpo.

POSICIONES ESPIRITUALES DE LA ORACIÓN

Cuerpo: La posición del cuerpo revela lo que mantiene en el espíritu, igual %.

De pie	De rodillas	Postrado
Posición de guerra	Posición de sujeción y humildad	Posición de reverencia y adoración

Por ejemplo: El clamor implica un gran porcentaje de sentimientos y emociones que se encuentran en el alma de cada persona. (ver el tema: El clamor que cambia los veredictos en el libro de los niveles de la comunicación divina)

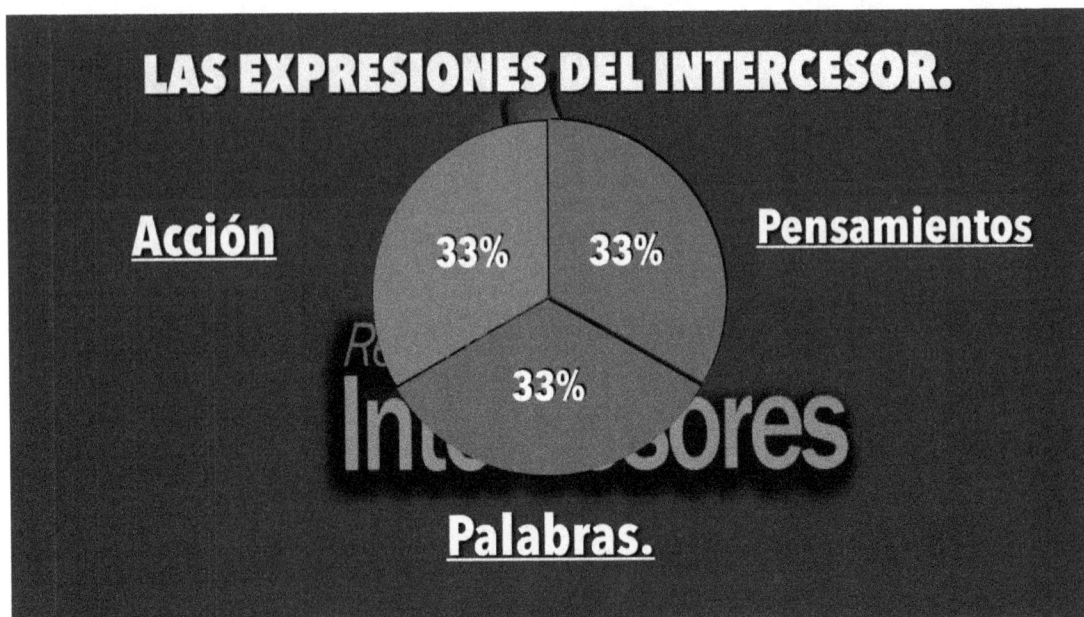

LAS EXPRESIONES DEL INTERCESOR.

Acción 33% 33% Pensamientos

33%

Palabras.

LAS EXPRESIONES DEL INTERCESOR.

Los pensamientos se vuelven palabras.

Las palabras vienen a ser acciones.

Las acciones forman estilo de vida.

Piensa la palabra	**Habla la palabra**	**Actuar en la palabra**
Todo lo que pensemos al orar Dios lo puede hacer. Efesios 3:20	La palabra que sale de la boca debe estar en el corazón. Romanos 10:8	La fe sin obras es muerta. Santiago 2:20

Las 3 Expresiones en La Oración:

Las expresiones de pensamientos: Son imágenes que se forman antes decir una palabra.

Las expresiones del habla: Son las palabras que salen de las imágenes que ya tenemos.

Las expresiones de acciones: Son las acciones que haremos para que se añada a la oración.

La Oración y La Aplicaciones Efectivas del Intercesor

La Oración Efectiva del Intercesor

La oración Tefilá y el Bakasha.

Tefilá: Es oraciones en plural o todas las formas de oración.

Oración del amanecer: Shajarit Gen.19:27
Oración de la tarde: Minjá Gen. 24:63
Oración del anochecer: Arvit Salm. 4:8

Los dos aspectos importantes de la oración Tefilá.

primero: La palabra tefilá viene de la palabra palel, que significa "juzgar".

La tefilá es un momento de evaluación personal. Juicio personal, examen.

Es Tefilá cuando la persona tiene tiempo para enfocar la mira en sí mismo e ir a su interior para ver qué es lo que necesita, cuál es su situación, cuáles son sus faltas, cuáles sus cualidades, qué es lo que necesita de Dios, y por qué debería Dios dárselo.

Segundo: Tefilá significa "apego". Cuando oramos, creamos una concordancia o nexo entre nosotros y nuestro Creador.

Tefilá es un proceso de poner las cosas en su lugar.

La razón del Padre nuestro: Mateo 6:9

Era enseñar a poner en orden todas las cosas para orar al Padre, el

Padre nuestro es la llave de la oración, son los principios.

Tefilá y Bakashah: Oración Y Petición

Tefilá es la palabra hebrea que viene de la raíz Palál que significa oración.

Oración #6419 PALÁL: raíz primaria; juzgar (oficial o mentalmente); por extens. interceder, orar:- juez, juicio, juzgar, hacer oración, orar, pedir, pensar, rogar, suplicar, valor.

Génesis 48:22 Y yo te he dado a ti una parte sobre tus hermanos, la cual tomé yo de mano del amorreo con mi espada y con mi arco.

Las últimas palabras de Jacob a José en su lecho de muerte.

El poder de Jacob estaba en su voz.

Génesis 27:22 Jacob se acercó a Isaac su padre, y él lo palpó y dijo: La voz es la voz de Jacob, pero las manos son las manos de Esaú.

Juan 10:27 Mis ovejas oyen mi voz, y yo las conozco y me siguen;

Génesis 48:22 Y yo te he dado a ti una parte sobre tus hermanos, la cual tomé yo de mano del amorreo con mi espada y con mi arco.

El Targum de Onkelos dice:

Génesis 48:22 Y te daré una porción más que a tus hermanos, que tomé de la banda de la Amoraah con mi oración y mi solicitud.

Targum Onkelos: Traduce las palabras de Yaakov al arameo como

"... con mi oración (espada) y mi pedido (arco)".

Oración y petición: #8605 Tephillah (espada) y Bakashah (arco)

La interpretación de este pasaje es entonces que "mi espada" se refiere a tefilla (oración) y "mi arco" se refiere a bakashah (solicitud).

La Oración Tefilá Y El Kavanah

La oración e intercesión debe de tener una química que revele la intención de nuestra oración.

Teológicamente se llama: KAVANAH

Es la mentalidad necesaria para el momento de la oración.

Kavanah: (הַוָּנוֹ֔); del hebreo bíblico, plural kavanot o kavanos, significa:

Literalmente "intención" o "sentimiento sincero, dirección del corazón".

La razón de Cristo al enseñar el Padre nuestro.

No es una recitación de memoria, sino la esencia misma de una oración donde el creyente expresa una súplica, mientras realmente cree, siente que Dios lo oye.

Kavanah es emocional como intelectual.

Mateo 6:9

Kavanot nos deja ver que: Al orar debemos ser llenos de sentimientos en nuestro corazón y en la mente y no solo en la boca.

Marcos 7:6 Y El les dijo: Bien profetizó Isaías de vosotros, hipócritas, como está escrito: "ESTE PUEBLO CON LOS LABIOS ME HONRA, PERO SU CORAZON ESTA MUY LEJOS DE MI.

Lucas 18:10 Dos hombres subieron al templo a orar; uno era fariseo y el otro recaudador de impuestos. 11 El fariseo puesto en pie, oraba para sí de esta manera: "Dios, te doy gracias porque no soy como los demás hombres: estafadores, injustos, adúlteros; ni aun como este recaudador de impuestos. 12 "Yo ayuno dos veces por semana; doy el diezmo de todo lo que gano." 13 Pero el recaudador de impuestos, de pie y a cierta distancia, no quería ni siquiera alzar los ojos al cielo, sino que se golpeaba el pecho, diciendo: "Dios, ten piedad de mí, pecador." 14 Os digo que éste descendió a su casa justificado pero aquél no; porque todo el que se ensalza será humillado, pero el que se humilla será ensalzado.

Kavanah es: Es tener una buena intención en el corazón para que nuestra oración venga del corazón y no solo de nuestros labios.

Salmo 51:17 Los sacrificios de Dios son el espíritu contrito; al corazón contrito y humillado, oh Dios, no despreciarás.

El beneficio de la oración (Tefilá) con El Bakasha (Petición) y Kavanah (Sentimiento) es que resulta en la humildad del intercesor.

ESCUELA GLOBAL DE INTERCESORES

"LLAMADOS A CONQUISTAR"

MINISTERIOS EBENEZER, OREGON

AUTO-EVALUACION

TEMA: LAS EXPRESIONES TRIPARTITAS DEL INTERCESOR:

NOMBRE:_____

IGLESIA:_____

FECHA:_____

HOJA DE INSTRUCCIONES:

Explique detalladamente los conceptos del tema poniendo bases bíblicas cuando lo amerite, use hojas adicionales para ampliar su trabajo de investigación. Extraiga copiando la hoja de auto-evaluación de este estudio, desarrolle sus respuestas y presente esta auto-evaluación el próximo día de clases.

1) Explique como afecta la oración la tres áreas del ser tripartito:

2) Explique que entendió por las posiciones espirituales y corporales que se utilizan en la oración:

3) Explique en que consisten las expresiones de un intercesor:

4) Explique el tipo de oración Tefila, Bakasha y Kavanah:

5) Como se relaciones los tres tipos de oración antes descritos:

<u>NOTAS DEL ESTUDIO</u>

<u>NOTAS DEL ESTUDIO</u>

Oración

y

Adoración

CAPÍTULO 3

1 Reyes 8:30 Oye pues la oración de tu siervo, y de tu pueblo Israel; cuando oraren en este lugar, también tú lo oirás en el lugar de tu habitación, desde los cielos: que oigas y perdones.

Tefilá: Oración y adoración.

Oración H8605 tefilá de H6419; intercesión, súplica; por implicación himno: lleva implícito la idea de adoración, oración, orar, ruego, súplica.

Aparece 77 veces en el hebreo A.T
Aparece por primera vez en 1Re 8:28

El término puede referirse tanto a una «oración» litúrgica y poética como a lo contrario.

En estos usos tepillah se refiere a una oración para cantarse (adoración) durante un servicio litúrgico formal.

Oración y Adoración Del Intercesor

- La oración es la comunicación del intercesor con Dios.
- La oración es la parte de la comunicación.
- La adoración es la comunión del intercesor con Dios.
- La adoración es la parte de la intimidad.

Estos 2 aspectos se resumen en Koinonia.

Compañerismo: G2842 koinonía de G2844; sociedad, i.e. (literalmente) participación, o interacción (social); ayuda, compañerismo, comunión, participación, participar.

La oración y adoración es Dios y tú unidos en un compañerismo.

Adoración H7812 shakjá raíz primaria; postrarse, adorar, arrodillarse, bajar, culto, encorvar, humillar. inclinarse, rendir, reverencia.

Adoración G4352 proskunéo de G4314 y un probable derivado de G2965 (significa besar, como el perro lame la mano del amo); abanicar o agazaparse a, i.e. (literalmente o figurativamente) postrarse en homenaje (hacer reverencia a, adorar): postrarse, reverencia, suplicar.

- La adoración del intercesor permite ver el lugar que ocupa Dios en su corazón.
- La adoración del intercesor los mantiene en temor reverente a Dios.
- La adoración del intercesor lo convierte en receptor de la presencia de Dios.
- La adoración del intercesor lo mantiene sensible en su espíritu para Dios.

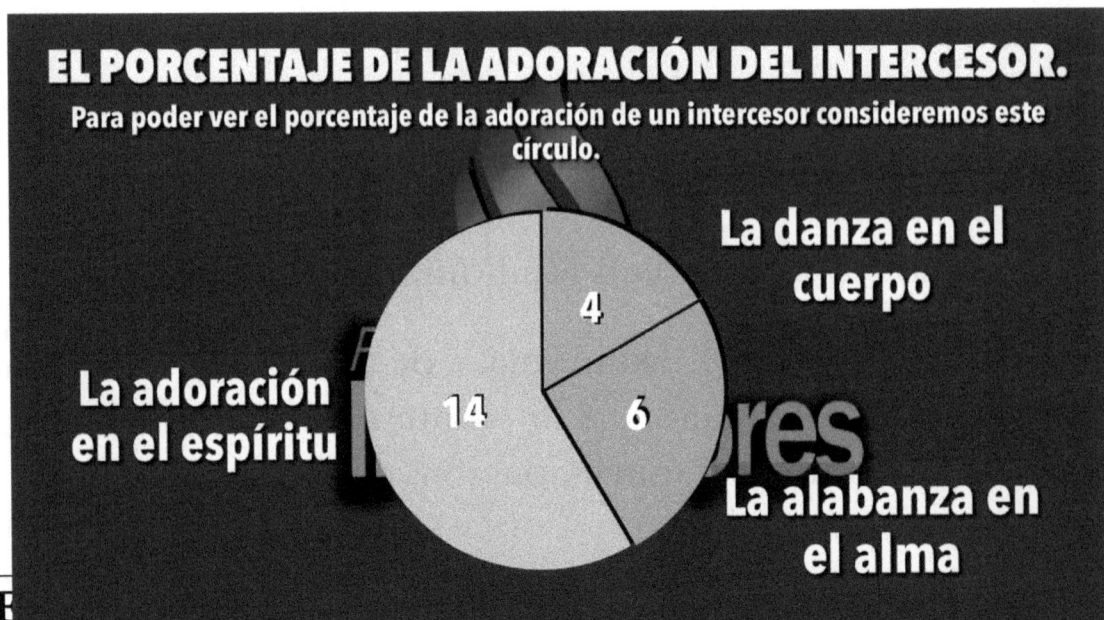

EL PORCENTAJE DE LA ADORACIÓN DEL INTERCESOR.
Para poder ver el porcentaje de la adoración de un intercesor consideremos este círculo.

La danza en el cuerpo — 4
La adoración en el espíritu — 14
La alabanza en el alma — 6

El Porcentaje de La Adoración Del Intercesor

1 Crónicas 25:1 (LBA) Además, David y los jefes del ejército separaron para el servicio a algunos de los hijos de Asaf, de Hemán y de Jedutún, que habían de profetizar con liras, arpas y címbalos; y el número de éstos, conforme a su servicio fue:

1 Crónicas 25:6 (LBA) Todos éstos estaban bajo la dirección de su padre para cantar en la casa del SEÑOR, con címbalos, arpas y liras, para el servicio de la casa de Dios. Asaf, Jedutún y Hemán estaban bajo la dirección del rey.

Los Hijos De Asaf

1 Crónicas 25:2 (LBA) de los hijos de Asaf: Zacur, José, Netanías y Asarela; los hijos de Asaf estaban bajo la dirección de Asaf, que profetizaba bajo la dirección del rey.

- Asaf tenia 4 hijos y esto nos habla de dedicar solo el 4% en ritmo y tiempo.
- El 4% nos habla de la danza, donde la participación es del cuerpo.
- El cuerpo participa y la disfruta, es decir es para nuestro regocijo.

Los Hijos De Jedutún

1 Crónicas 25:3 (LBA) De Jedutún, los hijos de Jedutún: Gedalías, Zeri, Jesaías, Simei, Hasabías y Matatías: seis, bajo la dirección de su padre Jedutún con la lira, que profetizaban dando gracias y alabando al SEÑOR.

- Jedutún tenia 6 hijos y esto nos habla del 6% de ritmo y tiempo.
- El 6% nos habla de la alabanza, donde la participación es del alma.
- El alma participa y dependiendo de la condición de nuestra alma, así será la alabanza que le damos a Dios.
- La alabanza es para Dios.

Los Hijos De Hemán

1 Crónicas 25:5 (LBA) Todos éstos fueron los hijos de Hemán, el vidente del rey, para ensalzarle conforme a las palabras de Dios, porque Dios dio a Hemán catorce hijos y tres hijas.

- Hemán tenia 14 hijos y esto nos habla del 14% de ritmo y tiempo.
- El 14% nos habla de la adoración, donde la participación es del espíritu.
- El espíritu participa y aquí se revela el grado de intimidad que el creyente tiene con Dios.

Las Funciones Del Espíritu

Juan 4:23 (LBA) Pero la hora viene, y ahora es, cuando los verdaderos adoradores adorarán al Padre en espíritu y en verdad;

porque ciertamente a los tales el Padre busca que le adoren.

Se dispone: (Mateo 26:41 R60) 41 Velad y orad, para que no entréis en tentación; el espíritu a la verdad está dispuesto, pero la carne es débil.

Percibe: (Marcos 2:8 LBA) 8 Y al instante Jesús, conociendo en su espíritu que pensaban de esa manera dentro de sí mismos, les dijo : ¿Por qué pensáis estas cosas en vuestros corazones?

Gime = suspirando: R60 Marcos 8:12 Y gimiendo en su espíritu, dijo: ¿Por qué pide señal esta generación? De cierto os digo que no se dará señal a esta generación.

Se regocija: (Lucas 1:47 LBA) 47 y mi espíritu se regocija en Dios mi Salvador.

Adora: (Juan 4:23 LBA) 23 Pero la hora viene, y ahora es, cuando los verdaderos adoradores adorarán al Padre en espíritu y en verdad; porque ciertamente a los tales el Padre busca que le adoren.

Se conmueve = sensible: (Juan 11:33 LBA) 33 Y cuando Jesús la vio llorando, y a los judíos que vinieron con ella llorando también, se conmovió profundamente en el espíritu, y se entristeció,

Ferviente: (Hechos 18:25 LBA) 25 Éste había sido instruido en el camino del Señor, y siendo ferviente de espíritu, hablaba y enseñaba con exactitud las cosas referentes a Jesús, aunque sólo conocía el bautismo de Juan.

Dirige = guía: (Hechos 19:21 LBA) 21 Pasadas estas cosas, Pablo decidió en el espíritu ir a Jerusalén después de recorrer Macedonia y

Acaya, diciendo: Después que haya estado allí, debo visitar también Roma.

Se dispone = obligado: CAS Hechos 20:22 Ahora estoy aquí de paso, dispuesto en espíritu a ir a Jerusalén para afrontar lo que allí haya de sucederme. No sé lo que me espera,

Conoce lo de Dios: (1Co 2:11 LBA) 11 Porque entre los hombres, ¿quién conoce los pensamientos de un hombre, sino el espíritu del hombre que está en él? Asimismo, nadie conoce los pensamientos de Dios, sino el Espíritu de Dios.

Comunicación: (1Co 14:15 LBA) 15 Entonces ¿qué? Oraré con el espíritu, pero también oraré con el entendimiento; cantaré con el espíritu, pero también cantaré con el entendimiento.

Opera = trabaja: (2Co 2:13 LBA) 13 no tuve reposo en mi espíritu al no encontrar a Tito, mi hermano; despidiéndome, pues, de ellos, salí para Macedonia.

PSH 1 Corintios 2:14 porque el hombre que está en el alma no acepta las cosas espirituales porque le son locura, pues no es capaz de comprenderlas, porque han de discernirse por medio del espíritu.

R11 1 Corintios 2:14 Mas el hombre animal no percibe las cosas que son del espíritu del Poderoso, porque le son locura: y no las puede entender, porque se han de examinar espiritualmente.

(1Co 2:11 LBA) Porque entre los hombres, ¿quién conoce los pensamientos de un hombre, sino el espíritu del hombre que está en él? Asimismo, nadie conoce los pensamientos de Dios, sino el Espíritu de Dios.

(1Co 14:14 LBA) Porque si yo oro en lenguas, mi espíritu ora, pero mi entendimiento queda sin fruto.

CONCLUSION:

Porque es importante entender todo esto?. La razón es para no caer en un ritual de la oración. Sino que sea la oración práctica, espiritual y efectiva.

ESCUELA GLOBAL DE INTERCESORES

"LLAMADOS A CONQUISTAR"

MINISTERIOS EBENEZER, OREGON

AUTO-EVALUACION

TEMA: LA ORACION Y ADORACION:

NOMBRE:_____

IGLESIA:_____

FECHA:_____

HOJA DE INSTRUCCIONES:

Explique detalladamente los conceptos del tema poniendo bases bíblicas cuando lo amerite, use hojas adicionales para ampliar su trabajo de investigación. Extraiga copiando la hoja de auto-evaluación de este estudio, desarrolle sus respuestas y presente esta auto-evaluación el próximo día de clases.

1) Explique la relación que existe entre la oración y la adoración del intercesor:

2) Explique como funcionan los porcentajes en la adoración de un intercesor:

3) Explique los significados según las figuras de Asaf, Jedutum y Heman en relación a la adoración:

4) Explique tres de las funciones del Espíritu, según lo aprendido en este estudio:

5) Como hacer para no caer en un ritual de oración y como hacer que sea efectiva:

<u>NOTAS DEL ESTUDIO</u>

NOTAS DEL ESTUDIO

La Oración y La Solvencia del Intercesor

CAPÍTULO 4

La Escuela de La Oración De Jesús

Mateo 6:12 "Y perdónanos nuestras deudas, como también nosotros hemos perdonado a nuestros deudores.

Deuda G3783 ofeílema: de(l alternado de) G3784; algo que se debe, i.e. (figurativamente) deuda; moralmente falta: deuda, deudor.

Amplificada: Mat 6:12 Y perdónanos nuestras deudas, como también nosotros hemos perdonado (Remito y suelto las deudas, y renunció al resentimiento contra) nuestros deudores.

La base de recibir la respuesta de la oración tiene que ver con solventar deudas espirituales, del alma, y otras para que no afecte nuestras oraciones.

Marcos 11:24 Por eso os digo que todas las cosas por las que oréis y pidáis, creed que ya las habéis recibido, y os serán concedidas .

Marcos 11:25 Y cuando estéis orando, perdonad si tenéis algo contra alguien, para que también vuestro Padre que está en los cielos os perdone vuestras transgresiones. 26 Pero si vosotros no perdonáis, tampoco vuestro Padre que está en los cielos perdonará vuestras transgresiones.

Solvencia de deudas emocionales, mentales, materiales.

Las Solvencias De La Oración

La solvencia para ofrendar y acercarnos al altar de la oración:

Mateo 5:23 Por tanto, si estás presentando tu ofrenda en el altar (dimensión espiritual), y allí te acuerdas que tu hermano tiene algo contra ti, 24 deja tu ofrenda allí delante del altar, y ve, reconcíliate primero con tu hermano, y entonces ven y presenta tu ofrenda. 25 Reconcíliate pronto con tu adversario mientras vas con él por el camino, no sea que tu adversario te entregue al juez, y el juez al alguacil, y seas echado en la cárcel (cárcel espiritual). 26 En verdad te digo que no saldrás de allí hasta que hayas pagado el último centavo.

La iniquidad en el corazón es la razón de muchas oraciones sin respuesta:

Salmo 66:18 Si observo iniquidad en mi corazón, el Señor no me escuchará.

El escritor dice: Si yo se que en mi corazón hay iniquidad y me hago el disimulado al momento de orar, responde, mi oración no va a ser escuchada.

Si hubiera visto la iniquidad en mi corazón y hubiera fingido ser lo que no era; y si hubiera retenido la iniquidad mientras oraba, el Señor no me habría escuchado.

La solvencia del trato a nuestra esposa, familia:

1 Pedro 3:7 Y vosotros, maridos, igualmente, convivid de manera comprensiva con vuestras mujeres, como con un vaso más frágil, puesto que es mujer, dándole honor como a coheredera de la gracia de la vida, para que vuestras oraciones no sean estorbadas.

La Oración y El Ayuno

Si deseamos la manifestación del poder de Dios a nuestro favor, es decir, para recibirlo o para ser ejecutado, la biblia nos revela otro principio y este está en combinar la oración con el ayuno, el ayuno es la fuerza que puede impulsar a la oración.

Mateo 17:21 Pero esta clase no sale sino con oración y ayuno.

Salmo 35:13 Pero yo, cuando ellos estaban enfermos, vestía de cilicio; humillé mi alma con ayuno, y mi oración se repetía en mi pecho.

Daniel 9:3 Volví mi rostro a Dios el Señor para buscarle en oración y súplicas, en ayuno, cilicio y ceniza.

La Disciplina Del Ayuno Con La Oración

La disciplina espiritual del ayuno cuando la combinamos con la oración, nos otorga mayor autoridad del reino de Dios.

Definición del ayuno:

El ayuno es la abstinencia deliberada de alguna forma de gratificación física, de un periodo de tiempo para alcanzar una meta espiritual mayor.

Las razones bíblicas del ayuno:

El pueblo de Dios ayunaba en los momentos de crisis.
Cuando necesitaban desesperadamente un cambio radical en sus circunstancias, sus emociones, sus relaciones, su futuro o su nación.

El ayuno de Jesús:

Mateo 4:2 Y habiendo ayunado cuarenta días y cuarenta noches, después tuvo hambre. 3 Y llegándose á él el tentador, dijo: Si eres Hijo de Dios, di que estas piedras se hagan pan. 4 Mas él respondiendo, dijo: Escrito está: No con solo el pan vivirá el hombre, mas con toda palabra que sale de la boca de Dios.

Jesús antes de iniciar el ministerio se dedicó a ayunar para poder recibir y entender la agenda de su misión para 3 años y medio.

Argumentos para no ayunar:

Mateo 9:14 Entonces los discípulos de Juan vienen á él, diciendo: ¿Por qué nosotros y los Fariseos ayunamos muchas veces, y tus discípulos no ayunan? 15 Y Jesús les dijo: ¿Pueden los que son de bodas tener luto entre tanto que el esposo está con ellos? mas vendrán días cuando el esposo será quitado de ellos, y entonces ayunarán.

Jesús como Judío nunca dejo de ayunar durante sus 3 años y medio en la tierra y fue durante la fiesta de la expiación y sus 40 días en el desierto

La motivación del ayuno:

Este pasaje hay que verlo en el sentido positivo para captar la motivación original del ayuno.

Zacarías 7:5 Habla á todo el pueblo del país, y á los sacerdotes, diciendo: Cuando ayunasteis y llorasteis en el quinto y en el séptimo mes estos setenta años, ¿habéis ayunado para mí? 6 Y cuando coméis y bebéis, ¿no coméis y bebéis para vosotros?

¿El ayuno lo hacemos para El Señor?: Debe de ser para el Señor.

Así como comer lo hacemos para nuestro disfrute.

La naturaleza del ayuno:

Isa 58:4 He aquí que para contiendas y debates ayunáis, y para herir con el puño inicuamente; no ayunéis como hoy, para que vuestra voz sea oída en lo alto.

Isa 58:5 ¿Es tal el ayuno que yo escogí, que de día aflija el hombre su alma, que encorve su cabeza como junco, y haga cama de saco y de ceniza? ¿Llamaréis esto ayuno, y día agradable á Jehová?

Isa 58:9 Entonces invocarás, y el SEÑOR responderá; clamarás, y El dirá: "Heme aquí." Si quitas de en medio de ti el yugo, el amenazar con el dedo y el hablar iniquidad,

El motivo y naturaleza del ayuno:

Para ser oída nuestra voz en los cielos.(vrs 4)
Para humillarnos con todo el corazón delante de Dios y sinceridad. (vrs. 5)
Recibir la respuesta de Dios. (vrs. 9)

El ayuno junto a la oración nos ayuda a crear un atmósfera espiritual que nos lleva tocar el cielo para cambiar las circunstancias de la tierra.

El ayuno es como la fuerza de impulso que nos eleva a los lugares celestiales para acceder a la autoridad del reino de Dios.

Las Disciplinas Del Intercesor

Lucas 18:1 Y les refería Jesús una parábola para enseñarles que ellos debían orar en todo tiempo, y no desfallecer, (desmayar, desanimarse, no cansarse)

1 Tesalonicenses 5:17 orad sin cesar;

Mateo 26:40 Vino entonces a los discípulos y los halló* durmiendo, y dijo a Pedro: ¿Conque no pudisteis velar una hora conmigo?

Lucas 18:2 diciendo: Había en cierta ciudad un juez que ni temía a Dios ni respetaba a hombre alguno. 3 Y había en aquella ciudad una viuda, la cual venía a él constantemente, diciendo: "Hazme justicia de mi adversario." 4 Por algún tiempo él no quiso, pero después dijo para sí: "Aunque ni temo a Dios, ni respeto a hombre alguno, 5 sin embargo, porque esta viuda me molesta, le haré justicia; no sea que por venir continuamente me agote la paciencia." 6 Y el Señor dijo: Escuchad lo que dijo* el juez injusto. 7 ¿Y no hará Dios justicia a sus escogidos, que claman a El día y noche? ¿Se tardará mucho en responderles? 8 Os digo que pronto les hará justicia. No obstante, cuando el Hijo del Hombre venga, ¿hallará fe en la tierra?

La Disciplina de La Oración

Importante es aclarar:

La oración implica elementos de disciplina, es decir, la disciplina de la oración involucra otras disciplinas, por ejemplo:

- La disciplina de la oración es una.
- La disciplina del ayuno es otra.
- La disciplina de la adoración.

Sin la disciplina no se alcanzará la persistencia de la oración.
Entre la disciplina y la persistencia en la oración hay pasos que dar.
Disciplina. *(En breve explico que es la disciplina)*

Hábito. *(Se forma)*
Cultura. *(Se establece)*
Persistencia. *(Capacidad.)*
Y de último será la necesidad. (4 pasos importantes + 1.) *(Parte de tu naturaleza)*

¿Qué es disciplina?

Daré 3 razones de la disciplina.

1. La disciplina es la capacidad de las personas para poner en práctica una serie de principios relativos al orden y la constancia.

2. La disciplina no lleva a la capacidad para controlar los impulsos, sobre todo aquellos que nos apartan de los objetivos.

3. La disciplina es una virtud moral espiritual asociada a la capacidad para llevar una vida ordenada en concordancia con nuestros principios, deberes, objetivos y necesidades, y en de las normas de comportamiento espiritual.

Elementos que dan La Autoridad De La Oración

Esto lo podemos ver en la historia de Elías y su vida de oración.

1. La fe
2. Fervor
3. Justicia
4. La obediencia

Lo Que Refleja La Oración Del Cristiano

- Reconocen la existencia del Dios verdadero.
- Cumplen el mandato de Dios.
- Demuestran su dependencia en Dios.
- Demuestran su amor por Él.
- Sienten una sensación de paz, seguridad y protección.
- Demuestran su total confianza en Dios
- Ayuda a juzgarse así mismo.
- Le da poder a su espiritualidad.

ESCUELA GLOBAL DE INTERCESORES

"LLAMADOS A CONQUISTAR"

MINISTERIOS EBENEZER, OREGON

<u>AUTO-EVALUACION</u>

TEMA: LA ORACION Y LA SOLVENCIA DEL INTERCESOR:

NOMBRE:_____

IGLESIA:_____

FECHA:_____

HOJA DE INSTRUCCIONES:

Explique detalladamente los conceptos del tema poniendo bases bíblicas cuando lo amerite, use hojas adicionales para ampliar su trabajo de investigación. Extraiga copiando la hoja de auto-evaluación de este estudio, desarrolle sus respuestas y presente esta auto-evaluación el próximo día de clases.

1) Explique porque es importante estar solvente al momento de la oración:

2) Mencione tres ejemplos de la solvencia de un Intercesor:

3) Explique la relación entre la oración y el ayuno:

4) Explique lo aprendido en relación a la disciplina, definición, naturaleza y motivos del ayuno:

5) Explicar las disciplinas de un Intercesor y disciplinas de la oración:

NOTAS DEL ESTUDIO

NOTAS DEL ESTUDIO

La Oración En Grupo

CAPÍTULO 5

Esta clase nos llevará a comprender la sinergia de la oración en grupo.

De ahí viene la razón de la enseñanza de Cristo al decir que en la oración debemos decir "Padre nuestro" es decir, colectivamente o en acuerdo.

DHH 1994: (1 Juan 1:3) Les anunciamos, pues, lo que hemos visto y oído, para que ustedes estén unidos con nosotros, como nosotros estamos unidos con Dios el Padre y con su Hijo Jesucristo.

La experiencia de orar en privado no se puede sustituir.

La oración a solas: Como Jesús que oraba a solas en el jardín de Getsemaní.

Mateo 26:36 Entonces Jesús llegó con ellos a un lugar que se llama Getsemaní, y dijo a sus discípulos: Sentaos aquí mientras yo voy allá y oro.

LA ORACIÓN DE 2 O 3:

Mateo 18:19 Además os digo, que si dos de vosotros se ponen de acuerdo sobre cualquier cosa que pidan aquí en la tierra, les será hecho por mi Padre que está en los cielos. 20 Porque donde están dos o tres reunidos en mi nombre, allí estoy yo en medio de ellos.

Acuerdo: G4856 sumfonéo de G4859; ser armonioso, i.e. (figurativamente) concordar (ser apropiado, concurrir) o estipular (por compacto):- ponerse de acuerdo, armonizar, concordar, convenir.

LA ORACIÓN EN GRUPO O "RED":

Hechos 1:14 Todos éstos estaban unánimes, entregados de continuo a la oración junto con las mujeres, y con María la madre de Jesús, y con los hermanos de El. 15 Por aquel tiempo Pedro se puso de pie en medio de los hermanos (un grupo como de ciento veinte personas estaba reunido allí), y dijo:

Hechos 4:24 Al oír ellos esto, unánimes alzaron la voz a Dios y dijeron: Oh, Señor, tú eres el que HICISTE EL CIELO Y LA TIERRA, EL MAR Y TODO LO QUE EN ELLOS HAY,

Pueden ser mas de 3 personas, hasta 120 personas.

La sinergia es una de las armas más poderosas.

EL PODER DE LA SINERGIA:

La palabra " sinergia " es tomada de la palabra sunergos #4904 que en griego se traduce en la escritura como:

Trabajar juntos, trabajando con, o laborar con otro.

Viene de Sun #4862 que significa unir y de ahí emerge la palabra sinergia.

Efesios 1:10 con miras a una buena administración en el cumplimiento de los tiempos, es decir, de reunir todas las cosas en Cristo, tanto las que están en los cielos, como las que están en la tierra. En El

LA SINERGIA DE LOS INTERCESORES:

La sinergia es la conexión que lleva a unir a otros.

En resumen su significado es la unión de:

Personas.

Fuerzas.

Propósito.

Fe.

Unidad

LBA Hechos 2:1 Cuando llegó el día de Pentecostés, estaban todos juntos en un mismo lugar.

LA ORACIÓN DE UNA NACIÓN O RED GLOBAL:

Jonás 3:6 Cuando llegó la noticia al rey de Nínive, se levantó de su trono, se despojó de su manto, se cubrió de cilicio y se sentó sobre ceniza. 7 E hizo proclamar y anunciar en Nínive, por decreto del rey y de sus grandes, diciendo: Ni hombre ni bestia, ni buey ni oveja prueben cosa alguna; no pasten ni beban agua, 8 sino cúbranse de cilicio hombres y animales, y clamen a Dios con fuerza, y vuélvase cada uno de su mal camino y de la violencia que hay en sus manos.

Como la oración de toda la ciudad de Nínive, clamaron todos los habitantes y Dios no los destruyo.

Esta es la oración que puede llegar a ser global.

LA ORACIÓN CONGREGACIONAL O EN LAS CASAS:

Hechos 12:5 Así pues, Pedro era custodiado en la cárcel, pero la iglesia hacía oración ferviente a Dios por él.

En los grupos de intercesión o red: En las batallas de la intercesión llega el momento y necesidad de tener a nuestra derecha y a nuestra izquierda a otros con el mismo espíritu combativo.

Éxodo 17:12   Pero las manos de Moisés se le cansaban. Entonces tomaron una piedra y la pusieron debajo de él, y se sentó en ella; y Aarón y Hur le sostenían las manos, uno de un lado y otro del otro. Así estuvieron sus manos firmes hasta que se puso el sol.

El principio y estrategia de una red de intercesores es: Participar en un grupo (Red) de intercesores incrementa la autoridad.

- El factor de la multiplicación es de 10.
- El poder de 1 vence a mil (1000)
- El poder de 2 vencen a diez mil (10,000)
- El poder de 3 vencen a cien mil (100,000)
- El poder de 4 vencen a un millón. (1,000, 000,000)
- El poder de 5 vencen a diez millones. (10,000,000.00)
- El poder de 6 vencen a cien millones. (100,000,000.00)
- El poder de 7 vencen a un billón. (1,000,000,000.00)

POSICIONES ESPIRITUALES DE LA ORACIÓN

Cuerpo: La posición del cuerpo revela lo que mantiene en el espíritu, igual %.

De pie	De rodillas	Postrado
Posición de guerra	Posición de sujeción y humildad	Posición de reverencia y adoración

LAS POSICIONES EN LA ORACIÓN E INTERCESIÓN:

De pie:

En la antigüedad orar en la posición de pie estaba relacionada con alguien "justo".

Lucas 18:11 El fariseo puesto en pie, oraba para sí de esta manera: "Dios, te doy gracias porque no soy como los demás hombres: estafadores, injustos, adúlteros; ni aun como este recaudador de impuestos.

Esto era una actitud contraria al fariseo porque se estaba autojustificando sin ser justo.

Las autojustificaciones del fariseo:

- No oraba con pecadores.
- No soy como los otros hombres.
- No soy ladrón.
- No soy injusto.
- No soy adultero.
- No soy como este publicano.
- Ayuno 2 veces a la semana.
- Pagó mis diezmos.
-

De rodillas:

Orar de rodillas implica reverencia, y era, y es una posición que significa la actitud de suplica para cambiar un veredicto.

Lucas 22:41   Y se apartó de ellos como a un tiro de piedra, y poniéndose de rodillas, oraba, 42 diciendo: Padre, si es tu voluntad, aparta de mí esta copa; pero no se haga mi voluntad, sino la tuya.

Esta es la actitud que denota la reverencia a la esfera legislativa en donde solo Dios puede cambiar un veredicto.

Dan 6:7 Todos los funcionarios del reino, prefectos, sátrapas, altos oficiales y gobernadores, han acordado que el rey promulgue un edicto y ponga en vigor el mandato de que cualquiera que en el término de treinta días haga petición a cualquier dios u hombre fuera de ti, oh rey, sea echado en el foso de los leones.

Daniel 6:10 Cuando Daniel supo que había sido firmado el documento, entró en su casa (en su aposento superior tenía ventanas abiertas en dirección a Jerusalén), y como lo solía hacer antes, continuó arrodillándose tres veces al día, orando y dando gracias delante de su Dios.

Postrado:

Esta posición significa la negación de ti mismo, es como decir, morir a uno mismo para que se cumplan los planes de Dios.

Mateo 26:38 Entonces les dijo: Mi alma está muy afligida, hasta el punto de la muerte; quedaos aquí y velad conmigo. 39   Y adelantándose un poco, cayó sobre su rostro, orando y diciendo: Padre mío, si es posible, que pase de mí esta copa; pero no sea como yo quiero, sino como tú quieras.

El intercesor que teniendo sus propias necesidades se niega y entra en angustia por las necesidades de otros.

Otras versiones dicen:

(CI) Entonces les dice: «Mi alma está llena de una tristeza mortal. Quedaos aquí y velad conmigo».

(CST-IBS) Les dijo: Una tristeza mortal me ha llenado el alma. Quedaos aquí y velad conmigo.

(BDA2010) y les dijo: Me muero de tristeza, quédense aquí y velen conmigo.

Las 7 partes del cuerpo que tocan la tierra al postrarse.

- El rostro.
- Las 2 Rodillas
- Los 2 Pies
- Las 2 manos al lado de la cabeza

Sentado:

En el tiempo de A.T. orar sentado indicaba la actitud del creyente que escuchaba a Dios en el interior de su corazón, dejaba resonar la Palabra de Dios en su interior, y meditaba en el mensaje que recibía.

2 Samuel 7:18 Entonces el rey David entró y se sentó delante del

SEÑOR y dijo (oro): ¿Quién soy yo, oh Señor DIOS, y qué es mi casa para que me hayas traído hasta aquí?

El que oraba primero se arrodillaba y luego se echaba hacia atrás y se sentaba sobre los talones.

FORMAS ESPIRITUALES DE LA ORACIÓN

1 Cor. 14:15	1 Cor. 14:14	Romanos 8:26
Oración con entendimiento	Oración en el lenguaje del Espíritu	Oración con gemidos

ESCUELA GLOBAL DE INTERCESORES
"LLAMADOS A CONQUISTAR"
MINISTERIOS EBENEZER, OREGON
AUTO-EVALUACION

TEMA: LA ORACION EN GRUPO:

NOMBRE:_____

IGLESIA:_____

FECHA:_____

HOJA DE INSTRUCCIONES:

Explique detalladamente los conceptos del tema poniendo bases bíblicas cuando lo amerite, use hojas adicionales para ampliar su trabajo de investigación. Extraiga copiando la hoja de auto-evaluación de este estudio, desarrolle sus respuestas y presente esta auto-evaluación el próximo día de clases.

1) Explique un requisito para llevar a cabo la oración en grupo:

2) Explique el significado de la oración de dos o tres y de grupo o una red:

3) Que entiende por el poder de la sinergia en la oración:

4) Explique la oración por una nación o red Global y la oración congregacional y de casa:

5) Explicar las posiciones dentro de la oración y su significado:

NOTAS DEL ESTUDIO

<u>NOTAS DEL ESTUDIO</u>

ALGUNOS TÍTULOS

Para tu Biblioteca

De Guerra Espiritual

LAC Publications

LAS PUERTAS DEL HADES
NO PREVALECERAN
CONTRA MI
IGLESIA

DR. MARIO H. RIVERA
PASTORA LUZ RIVERA

#12 SERIE: EQUIPAMIENTO INTEGRAL PARA COMBATIENTES DE LIBERACIÓN

LA CIENCIA ARCAICA
DE LA ESCLAVITUD
Y LA REVELACIÓN DIVINA QUE LA DESTRUYE

DR. MARIO H. & PASTORA LUZ RIVERA

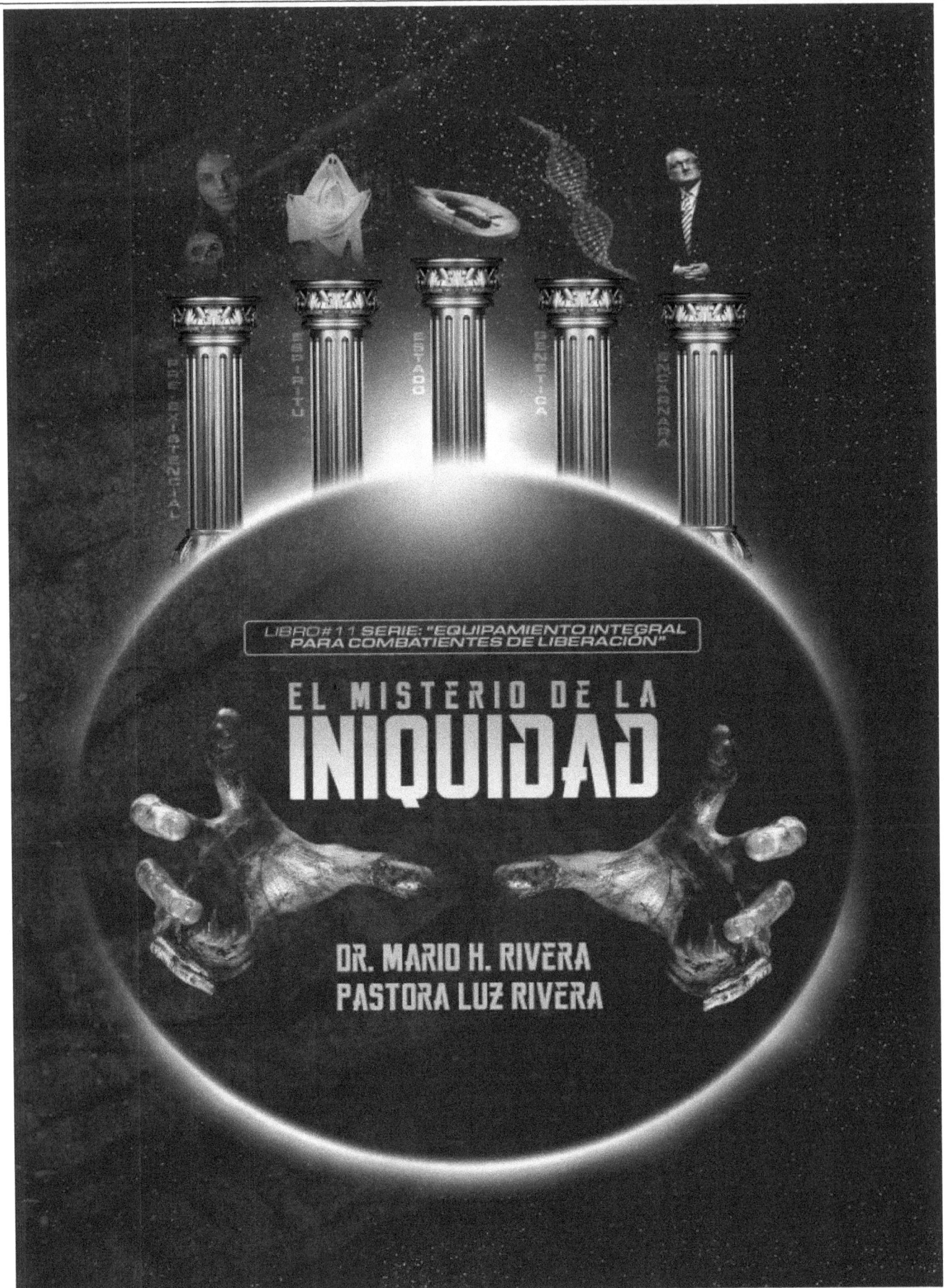

LIBRO#11 SERIE: "EQUIPAMIENTO INTEGRAL PARA COMBATIENTES DE LIBERACIÓN"

EL MISTERIO DE LA
INIQUIDAD

DR. MARIO H. RIVERA
PASTORA LUZ RIVERA

SERIE: EQUIPAMIENTO INTEGRAL PARA COMBATIENTES DE LIBERACION #10

EL MUNDO DE LOS ESPIRITUS

DR. MARIO H. RIVERA
PASTORA LUZ RIVERA

Serie: Equipamiento Integral
Para Combatientes De Liberación #9

LA PALESTRA DEL
GUERRERO
ESPIRITUAL

Dr. Mario H. Rivera
Pastora Luz Rivera

LA PALESTRA DEL GUERRERO

DR. MARIO H. RIVERA
PASTORA LUZ RIVERA

#9

SERIE EQUIPAMIENTO INTEGRAL PARA COMBATIENTES DE LIBERACION #8

LAS RAICES DEL
ABISMO

ADICCION

ANSIEDAD

IRA

VICIOS

LA LEY DE

ACUSACION

CONDENACION

TRISTEZA

ESTRES

TEMOR

SEPARACION DE DIOS

DR. MARIO H. RIVERA

EL ALFA & LA OMEGA DE LA GUERRA ESPIRITUAL

LA MATRIX DE LAS BATALLAS

ΑΩ

DR. MARIO H. & PASTORA LUZ RIVERA

#7 SERIE: EQUIPAMIENTO INTEGRAL PARA COMBATIENTES DE LIBERACION

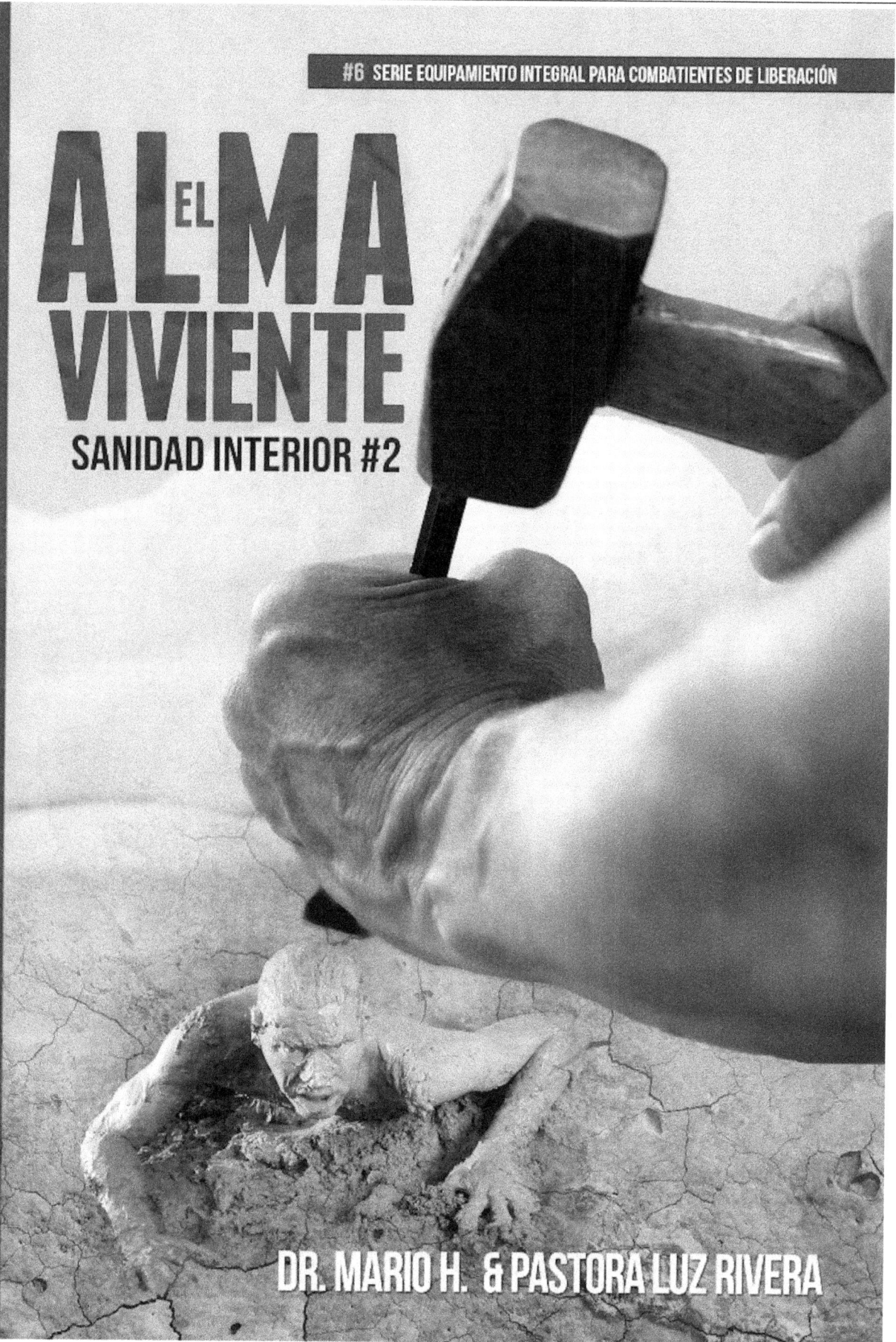

EL ALMA VIVIENTE

#6 SERIE EQUIPAMIENTO INTEGRAL PARA COMBATIENTES DE LIBERACIÓN

EL ALMA VIVIENTE
SANIDAD INTERIOR #2

DR. MARIO H. & PASTORA LUZ RIVERA

EL ORIGEN DEL

ALMA

SANIDAD INTERIOR #1

#5 SERIE EQUIPAMIENTO INTEGRAL PARA COMBATIENTES DE LIBERACIÓN

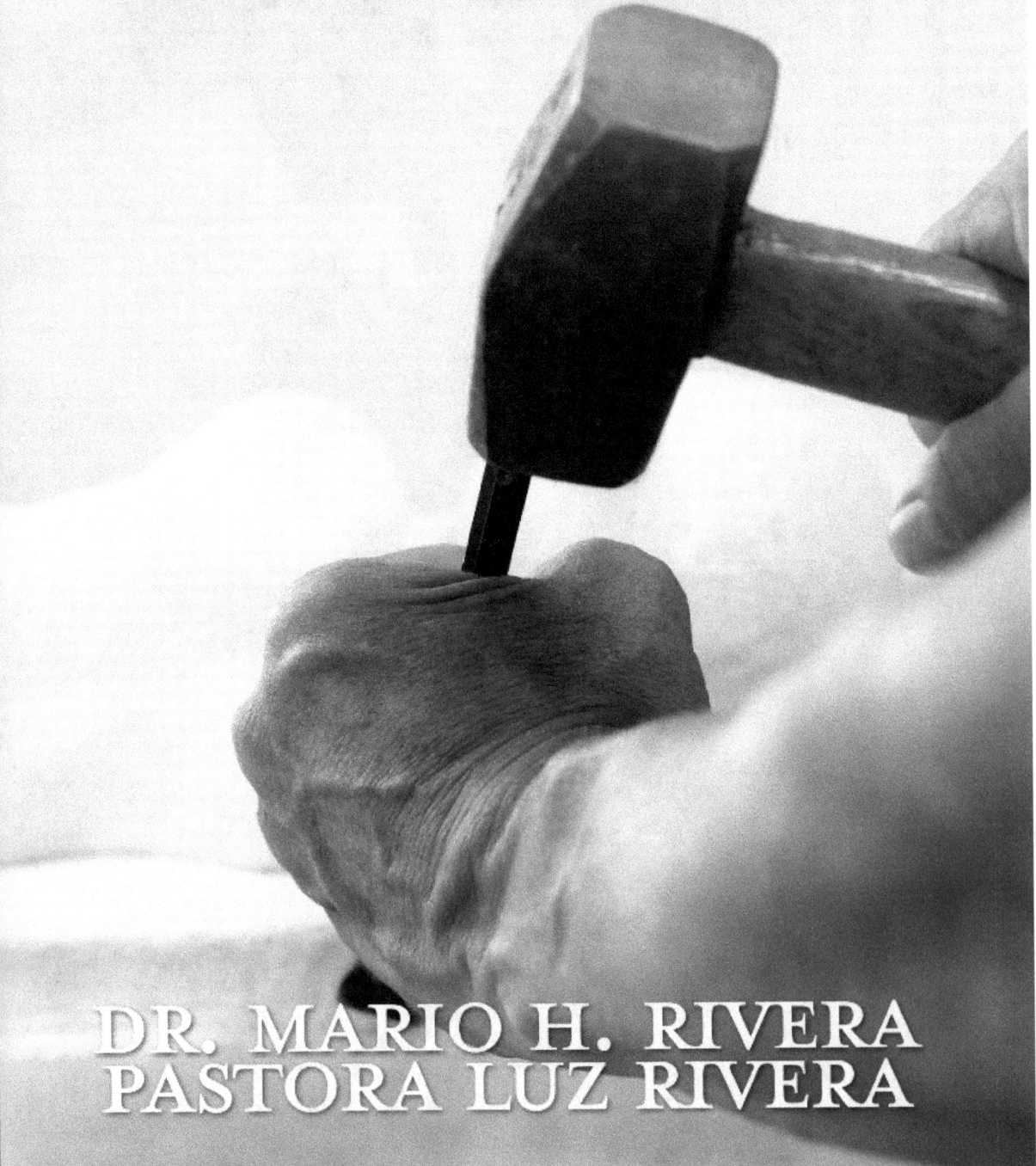

DR. MARIO H. RIVERA
PASTORA LUZ RIVERA

EL REGIMEN JURIDICO
DE LOS DERECHOS
ESPIRTUALES

EQUIPAMIENTO INTEGRAL PARA COMBATIENTES DE LIBERACIÓN

LIBRO 4

DR. MARIO H. RIVERA & PASTORA LUZ RIVERA

TOMO 3: EDICION MINISTERIAL

LOS ANCESTROS

LIBERACIÓN DE LA GENÉTICA Y EPIGENÉTICA

SERIE: EQUIPAMIENTO INTEGRAL PARA COMBATIENTES DE LIBERACIÓN

DR. MARIO H. RIVERA & PASTORA LUZ RIVERA

LA
LIBERACIÓN
INTEGRAL
FAMILIAR

LIBRO 2: EDICIÓN MINISTERIAL

SERIE: EQUIPAMIENTO INTEGRAL PARA COMBATIENTES DE LIBERACION

DR. MARIO H. RIVERA
PASTORA LUZ RIVERA

LIBRO 1
EDICION MINISTERIAL

LAS HERRAMIENTAS DEL
LIBERTADOR

EQUIPAMIENTO INTEGRAL PARA COMBATIENTES DE LIBERACIÓN

DR. MARIO H. RIVERA
PASTORA LUZ RIVERA